MOYENS

SIMPLES ET FACILES

DE FIXER L'ABONDANCE

ET LE JUSTE PRIX DU PAIN,

Présentés à Messieurs du Conseil Général de la Commune de Lyon,

Par F. J. L'ANGE, Officier Municipal.

A LYON;

De l'Imprimerie de LOUIS CUTTY, Place et Maison de la Charité.

1792.

MOYENS SIMPLES ET FACILES DE FIXER L'ABONDANCE ET LE JUSTE PRIX DU PAIN.

Lyon, ce 9 Juin, 1792.

MESSIEURS,

DEPUIS l'origine des gouvernemens ou pouvoirs exécutifs, deux grands maux ont vicié les corps politiques, ont affligé, tourmenté, corrompu tous les peuples. Ces deux maux, ou plutôt ces deux causes de tous les maux, ce sont les variétés du prix des subsistances, et les qualités malsaines, répugnantes du Pain.

Nous savons par expérience que les anciens réglemens de police ne sont point des remedes à ces maux, quand même il seroit possible de les faire observer exactement. On a pensé qu'en ordonnant aux boulangers de ne faire qu'une sorte de Pain, ils ne pourroient plus en vendre de mauvais; mais cette ordonnance manquoit dans un point; elle ne portoit pas l'humanité des magistrats dans les cœurs de ceux qui devoient s'y soumettre, et le Pain des pauvres n'en devint pas meilleur. Alors on résolut d'en fixer le prix seulement, et de s'en rapporter au civisme des boulangers, en leur permettant de taxer eux-mêmes le Pain blanc, selon le cours des marchés publics, afin d'y gagner assez pour pouvoir fournir aux manouvriers une subsistance de bon chyle, à un prix fixe et modique. Mais comme il est peu de boulangers assez à leur aise pour qu'ils puissent trouver leur compte dans cette disposition, et comme les avantages attachés à la richesse sont encore trop considérables pour ne pas tenter beaucoup d'autres de s'enrichir au mépris de la vertu, il en résulte que plus le Pain blanc est cher, et plus les manouvriers sont forcés de l'acheter.

Des doctes économistes ont fait croire aux législateurs qu'ils remédieroient à la cherté des Bleds, en prohibant leur exportation chez l'étranger et laissant leur circulation absolument libre dans l'intérieur du royaume. Cela seroit un remede effectivement dans un petit état, dans un seul département; mais dans un état aussi grand que la France, dans des limites aussi vastes, la libre circulation intérieure a tous les inconvéniens d'une libre exportation, et la défense de celle-ci ne peut que les rendre plus graves.

Si, par réprésailles, les princes circonvoisins défendoient aussi l'exportation dans leurs états, comment obvieriez-vous à la disette des départements limitrophes? Si, dans cette hypothese, celui des Bouches du Rhône, par exemple, avoit besoin d'une quantité de bled qu'il ne trouveroit que dans le département du Nord, à quoi lui serviroit la prohibition au dehors et la libre circulation de l'intérieur? Ne seroit-il pas exposé pendant long-temps aux horreurs de la famine? Et les habitans du Nord verroient-ils, est-il naturel qu'ils voient avec insouciance qu'on enleve le bled de leur canton, pour le vendre dans les marchés lointains où ils ne pourront l'acheter? Si le pressentiment et l'horreur de la famine les portent à l'arrêter, le pouvoir législatif est compromis, et l'exécutif, devenant cruel et sanglant, ne sert qu'à vérifier le proverbe, que ventre affamé n'a point d'oreille. Alors on ne peut plus calculer à quel prix l'abondance du Nord seroit de quelque secours aux habitans du Midi; mais certes, ce n'est pas dans ce cas, ni dans aucun autre résultant de la libre circulation, que les ouvriers mangeront du Pain à bon marché.

Les agriculteurs en général cherchent à vendre leur récolte le plus chérement possible. Communément ils attendent l'approche de la récolte suivante, et dans l'intervalle ils ne fournissent aux marchés, ni ne vendent que lorsqu'ils y sont forcés par leurs besoins propres. Si la récolte sur pied se montre abondante, le prix du bled récolté diminue ; mais seulement au grand profit des marchands et d'autres citoyens riches qui peuvent en faire provision, et même leur concurrence empêche la baisse de descendre au taux naturel.

C'est à cette époque seulement, lorsque la subsistance du peuple est au pouvoir des marchands, qu'elle entre en circulation. Le premier objet de cette circulation, et qui ne peut intéresser que le marchand, c'est d'y gagner le plus possible ; et le premier effet qui en résulte est, qu'après avoir profité, disons le vrai mot, après avoir abusé des besoins des cultivateurs, lors de l'achat, ils abusent du besoin des consommateurs, lors de la revente. Un autre effet, c'est ce besoin même en grande partie, que souvent, s'il n'est pas accidentel, ils font naître et croître par leurs accaparemens, leurs spéculations et une circulation interrompue, suspendue ou détournée (a). Mais l'effet le plus alarmant et le plus pernicieux qui résulte de la libre circulation actuelle des comestibles, c'est qu'elle fournit à l'aristocratie les moyens infaillibles et cruels de tourmenter le peuple et de l'enchaîner.

Si le gouvernement peut influencer le négoce des vivres, si la liberté du commerce offre une grande facilité d'en

---

(a) Si, par leur rencontre, ils occasionnent une surabondance dans un lieu, cela n'est point un profit public, car c'est alors que les vivres se gâtent en quantité.

abuser, chez un peuple que l'or appâte, un tel peuple se ressentira de plus de brigandage que de civisme; un tel peuple n'est point une nation; c'est un troupeau d'esclaves qui, sous les fouets des esclaves conducteurs gagnent et mendient leur amere subsistance aux pieds des esclaves rayonnans de luxe.

Ce sont ceux-ci qui vont se soulever, si j'ose leur dire que, le salut du peuple étant la suprême loi, personne ne peut être propriétaire tellement qu'il puisse abuser de ses propriétés au détriment du peuple; que le salut du peuple exigeant qu'ils lui sacrifient une partie de leur récoltes pour contributions, exige avec la même urgence la vente du reste à juste prix dans les temps de sa convenance. Mais je ne veux point, avec ce principe de la saine politique, effaroucher leur avarice; au contraire je veux la flatter sans imposture, en les éclairant par leurs propres intérêts mêmes, et voici ce que je leur dirois:

Vous avez une grande soif de l'or; tout le Pérou ne suffiroit pas à l'étancher. Cependant vous vous soumettez à la nécessité de vous contenter d'une portion, pourvu qu'elle soit la plus grande possible; supposons que pour l'acquérir vous n'ayez d'autres moyens que de donner aux mineurs les denrées qui vous restent nettes, après en avoir défalqué suffisamment pour tous les frais de culture sous la condition qu'ils vous livrent tout l'or qu'ils pourront exploiter des mines pendant le temps qu'ils vivront de votre superflu. Vous demanderiez l'impossible; vous seriez fous, si vous demandiez davantage.

Donc si vous aviez fourni soixante mesures de froment, soixante de seigle et soixante d'autres grains, légumes, ou matieres équivalentes, le tout de la premiere qualité, mais différens de deux cinquiemes du prix, et si pour cette fourniture on n'avoit pu vous rendre qu'une quantité d'or qui, divisée en neuf cents parties égales, seroit évaluée à vingt sous chacune, ce qui feroit, au plus haut prix, sept livres pour la mesure de froment, cinq pour celle de seigle et trois pour celle de bled noir ou autres objets, il en résulte que vous mériteriez la haine exterminatrice du peuple, si vous préfériez de laisser gâter vos denrées, plutôt que de les donner à ce prix, et si ce taux ne vous paroissoit pas assez libéral pour y borner la liberté du commerce.

Vous seriez donc forcés de vendre à ce prix, et libres de vendre à moins. Mais sans civiliser votre liberté, sans y mettre la moindre borne, si l'on vous proposoit de vous assurer vos récoltes, afin que vous n'eussiez plus à craindre, ni l'eau, ni le feu, ni grêle, ni tempête; si tous les ans on vous les payoit le même prix une fois convenu de gré à gré, soit que l'année fût bonne ou mauvaise; si l'on vous sauvoit de toute inquiétude et même des embarras de la vente, ainsi que des frais du transport, ne seriez-vous pas bien aise de pouvoir librement accepter une telle proposition? Hé bien! il ne manque à cet effet que l'occasion qu'il sera facile de faire naître.

Et vous, marchands de bleds et farines, et vous, meûniers et boulangers, ne seriez-vous pas bien-aises de trouver dans votre commerce et vos professions plus de profit et moins de risque ? Ne seriez-vous pas bien-aises de travailler à votre fortune avec un succès certain, de jouir en même-temps de l'estime publique et de n'être plus exposés à l'animosité du peuple ? Hé bien ! il est facile d'améliorer votre existence jusqu'à ce degré-là.

Et vous tous, citoyens, qui n'êtes, ni cultivateurs, ni marchands de bled, ne seriez-vous bien-aises de n'être plus dans le cas de perdre du temps, en allant aux marchés où l'on ne va jamais sans soucis, et d'où l'on ne revient trop souvent qu'avec des regrets et des plaintes ? Ne seriez-vous pas bien-aises d'être assurés que chacun de vous eût en tout temps sa provision sous sa main avant de l'acheter, que dans tous les temps et tous les lieux de la France, chacun mangeât du bon Pain, sans aucun changement de prix ? Ne souhaiterie-zvous pas que la valeur d'une journée de travail et de toute main-d'œuvre fût la même par-tout ? Que les huiles et les vins, les laines, les cuirs, les chanvres, les lins, les soies, les bois et charbons, les fers, en un mot, tous les objets de commerce fussent moins chers par-tout ? Que de toute chose, autre que le Pain, la consommation fut plus grande ; par conséquent l'aisance plus générale et si générale qu'aucun pauvre ne pût être dans le cas de mendier ? .... Oui, vous le souhaitez. Hé bien ! il est facile de vous satisfaire. Cessez seulement de vous abuser, cessez de compter sur les moyens et les volontés des particuliers, même sur les volontés et les moyens du gouvernement et des administrations. Ouvrez enfin les yeux et voyez combien les premiers sont abusifs et précaires, combien les autres sont foibles, onéreux, dangereux, perfides ; mais détournez vos regards avec indignation de toute compagnie ou régie financiere, telle qu'un abbé seul a pu l'imaginer sous Louis XV.

S'il faut un concours, une association d'hommes capables d'introduire et de fixer l'abondance, jusques dans la plus petite cabane ; si la félicité du peuple ne peut naître et subsister que par les intérêts d'une compagnie, il faut la créer cette compagnie et la former sans délai, *mais tout-à-coup si grande*, qu'elle ne puisse avoir besoin de privilege exclusif, et que le monopole ou l'accaparement ne puisse plus offrir aucun profit à personne ; il faut en même temps l'amalgamer avec la nation et la distribuer si bien qu'elle ne puisse engendrer aucun abus. Voici comme je la conçois ; daignez m'entendre.

Le pouvoir législatif ouvrira une souscription d'un million dix-huit cent mille actions, de mille livres chacune ; ce qui fera la somme d'un milliard huit cents millions de livres.

Cette somme sera divisée en trente mille parties égales ; chacune en conséquence sera de soixante actions subdivisibles, si l'on veut.

Ces soixante actions serviront de fonds pour approvisionner de bleds, de farines et légumes, cent familles, pour deux ans ; lesquelles cent familles auront un grenier d'abondance en commun, à leur charge et pour la commodité de leur usage.

Il y aura par conséquent trente mille greniers d'abondance réguliérement distribués dans l'intérieur du royaume.

Tous ces greniers seront construits aux frais de la nation, sur un plan uniforme et sur les avances des actionnaires.

Chacun des trente mille greniers sera placé le plus possible au centre de cent familles, et comprendra le logement d'un pourvoyeur national en chef, ainsi que des hommes nécessaires au service et à la garde du grenier.

Les pourvoyeurs et leurs subordonnés seront salariés sur la moitié du revenu des actions.

Les greniers seront tous les jours ouverts aux besoins des familles pour lesquelles ils seront construits, et les chefs de ces familles nommeront quelques-uns d'entr'eux pour empêcher, par leur inspection et surveillance, qu'aucun abus ne puisse s'y commettre. Ce qui sera d'autant plus facile, que, par la multitude des greniers, l'abondance se trouvera moins amoncelée.

A chaque récolte, sans prohiber la concurrence, l'approvisionnement public se fera d'obligation et de maniere qu'à un terme fixé par la loi, il se trouve dans chaque grenier une quantité suffisante pour nourrir environ quinze cents hommes; afin que cent familles soient abondamment pourvues pendant deux ans. Cet article cependant ne sera de rigueur qu'à la troisieme récolte de l'établissement.

L'exportation chez l'étranger ne sera permise que lorsque tous les greniers seront remplis, et cette époque sera légalement constatée et publiée.

Les cultivateurs de grains seront tenus à payer leur contribution en nature, entre les mains des pourvoyeurs nationaux qui la transmettront à l'administration en valeur monnoyée.

Tous les soumissionnaires pourront payer leurs actions en grains ou farines.

Tous les cultivateurs, quelque que soit le genre de leur culture, pourront traiter avec la compagnie, pour le transport de leurs denrées, ainsi que pour l'assurance de leurs récoltes, bâtimens et meubles, contre la grêle, les inondations, les incendies et les voleurs. Ils trouveront aussi dans la compagnie toutes les avances, toutes les ressources dont ils pourront avoir besoin; parce qu'étant intéressée à la consommation, elle le sera nécessairement aux progrès de l'agriculture et de la population.

La compagnie sera obligée de fournir le pain, le bled, la farine à tout consommateur en France, invariablement à un seul et même prix fixe, qui sera le prix moyen de trois derniers lustres, dans tous les départemens; et ce prix ne pourra changer que de vingt cinq à vingt cinq ans, si la variété du numéraire le rend indispensable.

Pour arriver à cette salutaire et constante égalité du prix du Pain, et par conséquent de toute chose, par toute la France, si digne de l'union fraternelle du peuple

François, il faudra faire deux opérations: La premiere est de diviser le royaume en cinq parties ou plus, si l'on veut, et voir quel est le prix moyen de quinze ans dans chacune. Si ce prix moyen est d'un sou la livre, dans l'une, de deux sous le même poids, dans l'autre, de trois dans la troisieme, de quatre dans la quatrieme, de cinq dans la cinquieme, il en résulte que le prix moyen, par toute la France, sera de trois sous la livre. La seconde opération ayant pour objet de répartir les frais du transport, également sur la consommation universelle, il faudra savoir à combien s'éleve la totalité des simples frais du transport le plus économique. Si le total montoit à cinq millions, la compagnie recevroit deux millions, perçus sur les fours ou boulangeries des contrées agricoles où les frais de voiture ne portent pas le Pain à son prix moyen, et recevant cette somme, elle seroit obligée, à livrer le Pain audit prix moyen, dans tous les lieux où les frais du transport le rendent plus cher.

Réciproquement les habitans des contrées agricoles payeroient de deux millions moins cher les huiles, les vins et toutes les matieres dont ils font un usage journalier, sans les cultiver chez eux-mêmes. Alors les établissemens des manufactures ne retrancheroient plus des champs et des bras précieux à l'agriculture. Ils peupleroient les campagnes désertes et fertiliseroient les stériles; car on n'y vivroit pas plus chérement que dans les campagnes qui rendent les plus riches moissons.

Où fonderiez-vous plus d'intérêts à une si heureuse

propagation? Où accumuleriez-vous plus de moyens de prospérité, que dans cette compagnie incorporée dans la nation, et dont elle formeroit environ la moitié par le nombre des actionnaires ou commis? Comment feriez-vous employer ces grands moyens avec plus de sagesse et d'activité que par cette compagnie également répandue et domiciliaire sur toute la surface de l'état?

Par-tout individuellement intéressée à faciliter les consommateurs, elle entraînera dans ses intérêts ceux de tous les laboureurs et boulangers. Ils auront tous les plus grands intérêts à rendre la consommation facile, agréable et salutaire universellement.

Par la grande multiplicité des greniers qui seront autant de comptoirs favorisans la circulation du numéraire, elle portera la vie et la commodité du change dans les cantons les moins marchands.

Solidairement engagée à garantir quiconque voudra, des orages, des inondations, des incendies et même des voleurs nocturnes, chaque grenier sera une tour de guet, un dépôt de secours, un œil de prévoyance, en un mot, un pare-dangers.

Alors les propriétés seront bien gardées; alors les dépenses pour les ponts et chaussées seront enfin vraiment profitables à la nation; alors tous les chemins seront toujours beaux; les rivieres et canaux toujours navigables à forte charge; dans peu de temps les lits des rivieres auront des bornes insurmontables; les marais seront bientôt desséchés; les terres arides bientôt abreuvées; même les eaux des torrents seront bientôt contraintes à circuler doucement par des prairies nouvelles ; en un mot, du jour au lendemain, nous verrons la France devenir un paradis terrestre ; car ce prodige d'amélioration générale naîtra nécessairement avec les fortunes particulieres que chacun des membres de la compagnie aura l'ambition de faire et qu'il fera sûrement.

Que ne puis-je exposer ce projet aux yeux de tous les François à la fois ! Que ne peuvent-ils tous à la fois, le prendre en considération ! Que ne peut-on recueillir les avis individuels de tous les citoyens ensemble, comme on recueille leurs voix dans les assemblées primaires. Il seroit si facile !.... Il faudroit si peu de temps !.... Je l'ai démontré dans mon Traité du Citoyen, du Monarque et du Titre II de la Constitution. Qui peut n'être pas persuadé que dans ce cas la manie de tout contrarier ne sauroit boursouffler les objections que dans une honteuse minorité ? Mais aussi qui pourroit douter du contentement général, si le corps législatif décrétoit l'exécution des moyens projetés qui fixeront l'abondance ? S'il ne l'a pas encore fait, c'est qu'on ne s'avise jamais de tout ; et si, des cinq cents directoires, aucun ne l'en a avisé, si, des millions de pétitionnaires, il n'est personne qui l'a demandé, c'est que c'est à vous, Messieurs, que la gloire en est réservée ; et si vous considérez les avantages innombrables, le haut degré de félicité publique, la simplicité des moyens qui doivent l'opérer ; si, considérant d'un autre côté que nous sommes en guerre provoquée et peut-être conduite par les auteurs et fauteurs du mémoire des princes vous ne vous dissimulez pas que *la famine en sera la suite la plus certaine ;* vous ne sauriez différer un instant de conjurer tous les pouvoirs de préserver le peuple de cette calamité qui le feroit retomber dans l'avilissement ; conjurons-les de nous en préserver par les seuls moyens, par l'abondance des vivres qu'il est si facile de fixer chez un peuple de citoyens.

www.ingramcontent.com/pod-product-compliance
Lightning Source LLC
LaVergne TN
LVHW010316230826
846091LV00009B/3684

* 9 7 8 2 0 1 3 6 7 3 6 5 5 *